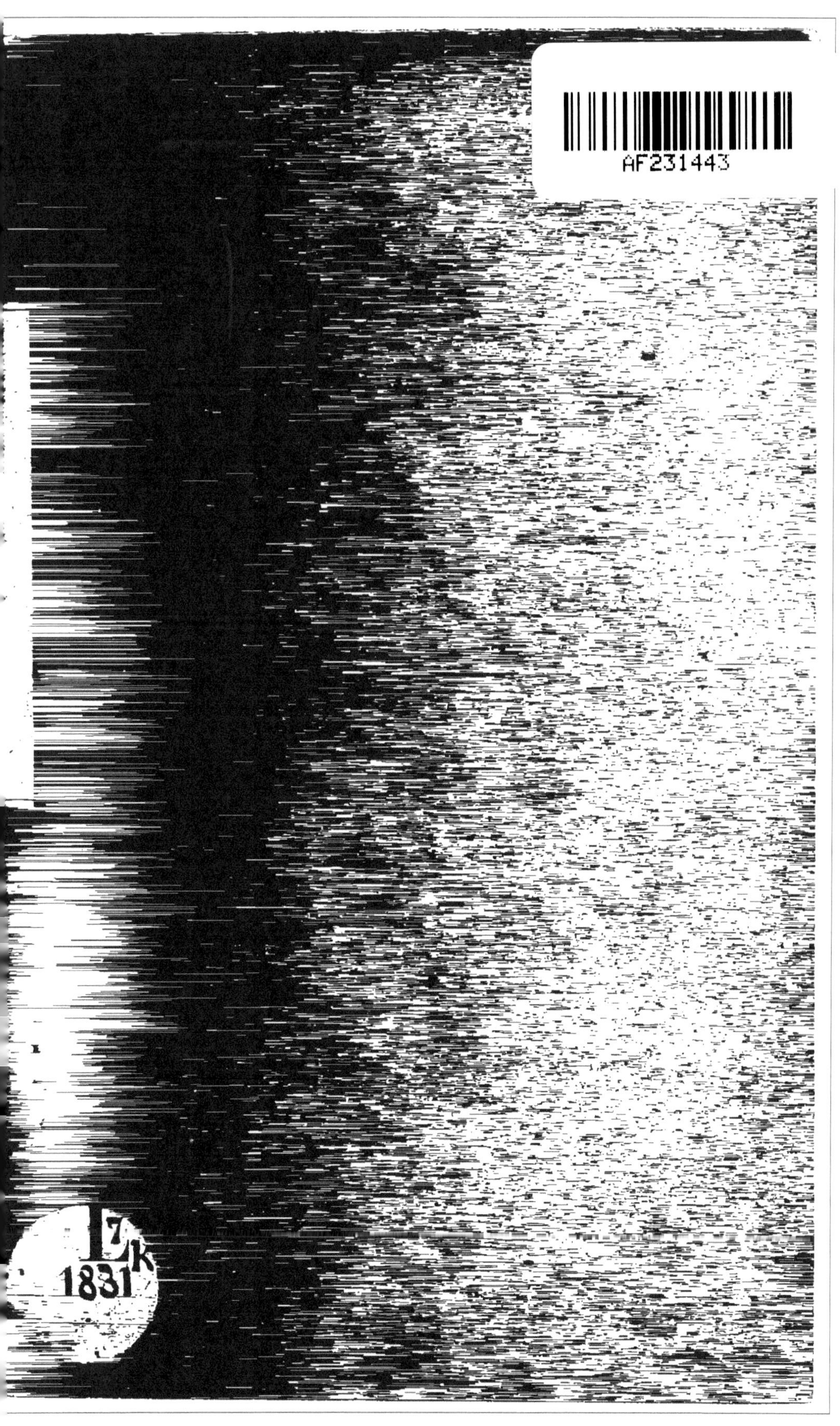
AF231443
1831

7

Lk 1831.

CHANTEUGES.

SON HISTOIRE,

Ses Antiquités et ses Traditions [1];

Par M. Félix GRELLET.

§. I. ASPECT.

Si, par une belle soirée de septembre, vous remontez au sud-est la charmante vallée de Langeac, où tant de sites pittoresques se mêlent à une végétation active, après avoir gravi avec quelque peine une petite montagne, vous aurez en face de vous un des spectacles les plus imposans et les plus magnifiques que la nature puisse offrir. A vos pieds, de riantes prairies, coupées en tous

---

(1) Nous devons déclarer ici, pour rendre hommage à la vérité, que plusieurs des documens qui nous ont servi à rédiger cette Notice, sont dus à l'obligeance de notre ami M. Charles de Brye.

sens par les arbres les plus variés et traversées par les eaux limpides et murmurantes de la Dège. Ces prairies semblent être placées là négligemment, par un heureux contraste, comme un moelleux tapis de verdure à la base du promontoire escarpé de Chanteuges. A droite, des montagnes granitiques, qui se prolongent au loin en s'élevant, vont se perdre dans les vastes planèses de la Margéride. On distingue difficilement çà et là, sur leur croupe aride, quelques rares arbrisseaux qui s'élèvent à peine au-dessus des bruyères épaisses qui les recouvrent; tandis que sur l'autre rive de l'Allier, la végétation vigoureuse et animée des terrains volcaniques se montre dans tout son éclat et dans toute son originalité. A l'horizon, au milieu de ces pics escarpés qui se découpent sur l'azur du ciel comme une charmante dentelle, voyez-vous se dessiner vaguement les cônes volcaniques de la Durande et de la Durandelle, d'où des laves torrentueuses s'échappaient jadis avec tant de fureur; puis, en rapprochant vos regards, distinguez-vous, sur ces rochers inaccessibles qui semblent suspendus au-dessus des eaux mugissantes de l'Allier, l'antique abbaye des Chases qui fut autrefois si florissante et dont il ne reste plus aujourd'hui que quelques ruines éparses? Ici, plus près de vous, est le petit village de St-Arcons qui, tout fier de sa belle position, semble se mirer dans les eaux rapides qui viennent le baigner.

Mais dans tout ce paysage si admirable, rien ne peut être comparé à la beauté du site de Chanteuges; car tandis que d'un côté l'œil s'arrête avec plaisir sur cette petite vallée qu'arrose la Dège et dont la fécondité étonne, de l'autre côté on entend les flots tumultueux de l'Allier qui battent les rochers de la rive et viennent se briser contre les prismes basaltiques qui ont roulé dans le lit du fleuve. Faites tomber sur ce magnifique tableau les rayons incertains d'un soleil qui descend à l'horizon et projette, avant de disparaître, ces vastes lueurs rouges dont les tons sont si chauds dans notre belle Auvergne, et vous goûterez alors un de ces plaisirs calmes et doux qui sont si rares dans la vie et qu'on nomme le bonheur.

On arrive à Chanteuges après avoir traversé la Dège sur un petit pont en pierres. Le village se déploie en amphithéâtre à l'ouest d'un plateau basaltique qui, placé au confluent de l'Allier et de la Dège, forme une espèce de presqu'île. Au sommet de ce plateau, vers la partie sud, sont les ruines de l'ancien prieuré de Chanteuges, dont nous nous proposons de faire la description et l'histoire.

Quel que soit en effet le zèle éclairé dont on fait preuve de toute part pour la conservation de nos vieux monumens, nous ne pouvons espérer qu'ils soient tous sauvés de la ruine prochaine qui les menace; car malheureusement le zèle et la science ne suffisent point, et les ressources dont on peut disposer sont si faibles en comparaison des besoins! Et puis, est-il donc donné à l'homme d'arrêter l'action du temps et d'élever des monumens impérissables, lui dont la vie est si courte et si fragile? Mais, alors même que les sommes destinées à un si noble usage seraient plus considérables, les emploirait-on à la restauration d'une humble et pauvre église de village, dont le plus souvent on ne soupçonne même pas la beauté? Je sais que le conseil général de la Haute-Loire vient de donner un noble exemple en faisant l'acquisition, pour le département, de la ravissante petite chapelle des abbés de Chanteuges. L'approbation et les éloges des archéologues sont venus l'en remercier : espérons donc qu'il persévérera dans la bonne voie où il est entré; car nos monumens ont grand besoin de sa sollicitude et de sa générosité. Chaque jour, en effet, nos vieilles églises romanes se défigurent et voient tomber quelques-unes de leurs parties. Ne serait-il pas temps enfin qu'une restauration intelligente et complète vînt nous rendre la splendide cathédrale que nos pères avaient suspendue dans les airs, à côté du rocher de Corneille? Pourquoi ne restituerait-on pas son transepts, à Notre-Dame du Puy? Pourquoi surtout ne ferait-on pas tomber sous le marteau ces constructions malheureuses que nous devons à M. de Galard et

qui nous cachent une des coupoles les plus élé-
gantes et les plus remarquables de l'art roman ?

Ces réflexions nous ont été inspirées par la vue
du vieux prieuré de Chanteuges. L'église de ce
monastère fut certainement autrefois un des
beaux types de l'architecture romane dans notre
pays, et maintenant qu'elle a traversé tant de
siècles et qu'elle penche déjà vers sa ruine, elle
n'offre plus, hélas! qu'un mélange informe des
différens styles qui se sont succédés. Chaque époque y a marqué son passage par un anachronisme
archéologique. Tristes choses, en effet, que les
restaurations inintelligentes! Elles mutilent les
monumens, en détruisent l'intérêt archéologique
et préparent aux futurs antiquaires bien des tour-
mens pour vaincre de difficiles et peut-être d'in-
solubles problèmes. Grâces au ciel, nos adminis-
trations et nos architectes semblent enfin avoir
compris qu'il faut restaurer chaque monument
d'après son style et qu'on doit chercher à faire
revivre le passé aussi fidèlement que possible et
non enter sans intelligence un art nouveau sur
un art plus ancien.

On parvient sur la plate-forme qu'occupaient
autrefois les constructions du prieuré de Chanteuges, par un chemin escarpé et d'un difficile
accès, qui se plie et se replie plusieurs fois sur
lui-même. Des prismes basaltiques superposés
forment d'épaisses murailles de soutènement. Un

mur d'enceinte à moitié détruit, qui fut peut-être autrefois surmonté de créneaux et de machicoulis, règne encore autour des débris du monastère de Saint-Marcellin. La porte principale d'entrée est située au nord. Elle était défendue par une tour dont le faîte est couronné par des machicoulis et des créneaux. Le mur est aussi percé de meurtrières. Tout près de cette porte, à l'angle ouest, sur l'une des pierres placées au sommet de la muraille de souténement, on lit en caractères fort distincts la date de l'année 1115. Est-ce là la date des travaux préparatoires nécessaires pour la construction de l'église actuelle? Nous serions très-portés à le penser; car, tout en reconnaissant que la charte de fondation, sur laquelle nous nous expliquerons bientôt, fasse remonter l'établissement d'une abbaye à Chanteuges à l'année 936; il ne faut pas non plus oublier, qu'en 1137, cette abbaye fut convertie en un prieuré dépendant de la Chaise-Dieu. Cette transformation eut lieu pour réformer ce monastère que les moines qui l'habitaient avaient changé en une forteresse. La dona-tion en fut faite à l'abbaye de la Chaise-Dieu, à la charge par elle de restaurer les bâtimens, *locus ille restitueretur*. On peut donc présumer avec grande raison que l'église actuelle fut construite, aux frais des moines de la Chaise-Dieu, sur le ter-rassement qui avait été consolidé peu de temps avant. La disposition de cette église et les détails de son ornementation se rapportent du reste parfaitement au caractère distinctif de l'architecture du 12ᵉ siècle.

Pour faire mieux comprendre la description archéologique que nous donnerons de cette église et de la petite chapelle qui est auprès, nous raconterons d'abord les faits que l'histoire nous a conservés sur le monastère de Saint-Marcellin.

§. II. HISTOIRE.

Vers la fin du 9ᵉ siècle, Claude, seigneur de Chanteuges, se voyant sans postérité, conçut l'idée de fonder une église collégiale sur la plateforme élevée qui se trouve entre l'Allier et la Dège. La mort vint le surprendre avant qu'il eût pu mettre à exécution cette pieuse entreprise. Il laissa donc par testament tous ses biens à son neveu Cunebert, chanoine du chapitre de Saint-Julien de Brioude, à la charge par lui de les donner après sa mort à cette noble collégiale.

« Ce neveu, dit Audigier (1), qui traduit à peu près la charte de fondation, fit de sérieuses ré-
» flexions sur la volonté de son oncle. Il commu-
» niqua l'affaire à Hector, doyen de l'église de
» Brioude, et aux autres chanoines. Il leur repré-
» senta qu'il valait mieux mettre dans ce lieu une

---

(1) Histoire d'Auvergne, manuscrit de la Bibliothèque royale.

(8)

» communauté de moines, et la raison qui le
» fit penser ainsi était que , la charité étant
» refroidie, l'iniquité inondait le monde et le
» désordre régnait partout; que ne pouvant pas
» entièrement remplir les devoirs que deman-
» dait leur état de chanoine , ils devaient
» donner du leur pour fournir à l'entretien de
» ceux qui mèneraient une vie pure et exem-
» plaire, car Dieu bénirait leur dessein. Ils crai-
» gnaient surtout que tant de biens qu'on leur
» avait donné en l'honneur de S. Julien, ne leur
» attirassent au dernier jour de sanglans reproches
» de la bouche de celui qui jugerait l'univers.
» On voit par là, ajoute naïvement le Père Au-
» digier, que ces généreux chanoines avaient
» de la piété et que leur esprit était bien éloigné
» de la cupidité (1). »

---

(1) Nous allons rapporter ici quelques parties *de la Charte* de fondation: «Sane cum et ego et supradictus, noster ducanus, Hector videlicet, omnesque cæteri fratres de instantis vitæ periculis, necnon et tremendi superni examinis discutione frequenter colloqueremur; tandem in hunc consensum cuncti devenimus, ut prædictum locum pro communi salute ad districtiorem, id est monachorum conversationem traderemus, quia nimirum frigescente jam caritate cùm iniquitas multipliciter inundat, et ita rerum ordo turbatus est, ut juxta canonicam institutionem conservari ad integrum nequeamus, saltím hoc nobis antè Deum proficiat, si illos qui regulariter vivant de nostro jure sustentemus. Præsertim verò hoc timentes, quod

(9)

Au mois de septembre de l'an 936, première
année du règne de Louis-le-Débonnaire, Cunebert
convint donc avec Hector, doyen du chapitre, et
les autres chanoines de Saint-Julien de Brioude, de
bâtir à Chanteuges, sur l'emplacement même
désigné par Claude, un couvent de moines, qui
suivraient la règle de S. Benoît. L'exécution de
cette bonne œuvre fut d'abord confiée aux soins
d'Odon, abbé d'Aurillac; mais comme il ne put y
travailler, à cause de quelques occupations im-
portantes, on mit à sa place Arnulf, bénédictin
de la même abbaye, qui fut plus tard désigné par
S. Odon lui-même pour le remplacer dans la
direction de son monastère (1). Cette pieuse entreprise fut approuvée par Raymond, comte de
Toulouse et duc d'Aquitaine; par Dalmas II, vicomte
et abbé de Brioude; par Gotescalc, évêque du
Puy (2), et par d'autres personnes de distinction
qui en appuyèrent aussi très-vivement l'exécution.

---

ob honorem domni nostri Juliani multa nobis in eleemosynâ
tribuentur, ne forté judex universorum nobis illud propheticum
improperet, quod nostra habentes pecata populi comederimus. »
(Annales Benedict., t. III, p. 707),

(1) Il fut aussi chargé en 937, par Gotescalc, évêque du Puy,
de réformer l'abbaye du Monastier.

(2) On lit bien dans le texte de la charte de foudation : *Arnauld*
et non *Gotescalc ;* mais c'est ce dernier qui a signé. Il est cons-
tant de plus que Gotescalc a été évêque du Puy de l'an 927 à
l'année 942. On peut consulter au reste, à cet égard, l'*Histoire
du Velay, du docteur Arnaud*, t. I, p. 70

Six ans plus tard, le roi Louis, sur la demande d'Héric , évêque de Langres et de Gotescalc , évêque du Puy, et à la prière des religieux de ce monastère , autorisa la fondation de l'abbaye de Chanteuges. Les lettres-patentes qu'il donna à cette occasion, portent la date du 15 décembre de l'année 942.

D'après la charte de fondation consentie par Cunebert, et retrouvée dans les archives de la Chaise-Dieu, cette abbaye était dédiée, après Dieu le Fils, Rédempteur des hommes, à Saint-Julien de Brioude, à Saint-Julien d'Antioche, à Saint-Saturnin et à Saint-Marcellin, évêque. Saint-Julien d'Antioche et Saint-Saturnin avaient déjà chacun en ce lieu une église qui leur était consacrée.

Cunebert fit cette fondation pieuse pour le chapitre de Brioude, pour le roi et les princes ses seigneurs, pour l'ame du duc Guillaume et celle de ses neveux Guillaume et Alfred, et pour l'ame aussi de son oncle Claude. Il ordonna que tous les jours , qui ne seraient point consacrés à des fêtes solennelles, les moines diraient deux psaumes pour les vivans ; et, afin de donner plus de force et plus de durée à cette prescription, il rapporte, dans la charte de fondation, le privilége accordé à l'église de Brioude, du temps de Pepin-le-Bref, par lequel il était dit : que tout ce qui était réglé par ce chapitre devait être ferme et inviolable. Cette déclaration, consignée par écrit, fut faite dans la basilique de Saint-Julien de Brioude, devant l'autel de Saint-Etienne.

Obiérius fut le premier abbé de Chanteuges. Ce fut à lui que Bertrand, curé de Saint-Saturnin, fit donation de son église en prenant l'habit de moine pour se retirer dans cette abbaye.

Robert remplaça Obiérius ; mais il ne tarda pas à quitter l'abbaye de Chanteuges pour aller prendre la direction de celle d'Issoire, dont il fut le quatrième abbé.

Raymond fut le troisième et dernier abbé de Chanteuges. C'est lui qui, le premier dimanche de carême de l'année 1137, trois jours avant la fête de S. Robert, après avoir déposé la crosse abbatiale entre les mains d'Aymeric, évêque de Clermont, et du consentement des moines de Chanteuges, fit don de cette abbaye, qui fut dès lors convertie en prieuré, à la congrégation de la Chaise-Dieu. Cette donation fut faite avec grande cérémonie dans le chapitre de cette dernière abbaye, en présence de l'abbé Etienne de Mercœur, d'Albéric, primat d'Aquitaine et archevêque de Bourges, et d'Aymeric, évêque de Clermont. Raymond mourut moine de la Chaise-Dieu. Il était venu sans doute expier dans cette abbaye, par la prière et la pénitence, le scandale que sa faiblesse n'avait pu empêcher à Chanteuges.

Voici comment Charles Nodier (1) raconte les

---

(1) Voyage dans l'ancienne France, Auvergne et Velay, t. 2.

causes qui firent donner le monastère de Chanteuges à l'abbaye de la Chaise-Dieu et le firent
en même temps descendre au rang de simple
prieuré.

« Ce prieuré, dit-il, fut d'abord érigé en
abbaye, mais un incident le fit déchoir et changea
la maison du Seigneur en un rêpaire de démons.
Un seigneur des environs, né pour un vêtement
d'acier plutôt que pour une haire et que son
aventureuse jeunesse rendait propre à devenir le
héros d'une épopée dans le genre de l'Arioste, ou
celui d'un fabliau, s'avisa un jour de s'y retirer
dans la vie de pénitence, pour expier par l'absti-
nence et la prière d'énormes rapts et de scanda-
leuses violences, dont il s'était rendu coupable
dans les châtellenies voisines. Itier de Mandulphe,
surnommé le *Reclus*, s'y fit moine ; mais loin
d'amortir ses passions et d'y éteindre l'ardeur
impétueuse de son sang, il ne tarda pas à com-
muniquer la corruption du monde et la contagion
du péché aux pauvres religieux qui vivaient heureux avant lui dans cette retraite, dans la douceur
de la paix de Dieu. Une troupe satanique sortit
chaque soir du seuil béni, cachant sous le froc
cuirasse, dague et épée, chevauchant à travers
le pays, imposant tribut à serfs et marchands,
et prenant logement militaire dans les couvents des
nones. Cette vie désordonnée dura tant que l'abbé
Raymond se crut obligé à en porter plainte à

(13)

l'évêque, et l'histoire nous a conservé ces paroles
mémorables : « J'ai vu, dit-il, l'abbaye de Saint-
» Marcellin de Chanteuges dans un état déplorable :
» son monastère en ruine, son sanctuaire dé-
» pouillé, son église convertie en forteresse, per-
» sonne ne servant Dieu, et la sainte maison de-
» venue un lieu de refuge pour les voleurs et les
» homicides. — Les moines scandaleux furent
» dispersés dans des maisons disciplinaires, et le
» monastère donné à l'abbaye de la Chaise-Dieu,
» qui le réduisit en état de simple prieuré (1).

---

(1) Charta extinctionis abbatiæ S. Marcellini Cantogilensis
unitæ Casæ-Dei. In nomine Patris et Filii, et Spiritûs Saucti,
ego Raimundus quondam Cantogilensis abbas, videns tempo-
ribus meis Cantogilense monasterium ad tantam destructionem
pervenisse, ut spoliato-sauctuario, et castellificata ecclesia ,
nullus ibi serviens Deo reperiretur, sed receptaculum esset
predonum et homicidarum ; in capitulum Casæ-Dei tertia die
priùs festum beati Roberti veni, et curam et administrationem
Cantogilensis abbatiæ in manu A. (Aimericus) Claromontensis
episcopi cum virga deposui, et Casæ-Dei in prioratum perpe-
tuo possidendum firma fide, bona voluntate, consensu etiam
et concessione Cantogilentium fratrum attribui, ut per fratres
Casæ-Dei locus ille restitueretur, et servitium Dei redintegra-
retur. Hoc donum Albericus primas Aquitaniæ laudavit et confirmavit. Hoc A. Claromontensis episcopus, in capitulo Claro-
montensi, me volente et expetente, cum consensu omnium
canonicorum fecit et confirmavit. Hoc donum Brivatenses cano-
nici, me presente et expetente, pari consensu fecerunt et con-
firmaverunt. Hoc ego R. in presentia episcoporum et abbatium
et totius capituli Casæ-Dei feci, concessi et confirmavi, et mu-

« Mais la terrible renommée des frères de Saint-
» Marcellin a laissé de profonds souvenirs dans
» l'esprit du peuple qui, de génération en géné-
» ration, se raconte leur histoire; et les vieilles
» femmes des environs vous affirmeraient au be-
» soin, que leur noire cavalcade n'a jamais failli
» depuis des siècles à renouveler ses courses noc-
» turnes sous les arceaux du cloître au renou-
» vellement de chaque lune. »

Quels que soient les détails circonstanciés qui
semblent prouver la vérité de cette narration
animée et pittoresque, ce pourrait bien n'être
cependant qu'une agréable broderie basée sur les
données de la charte d'extinction que nous pu-
blions en note. Et nous sommes portés à le croire
ainsi, non pas seulement parce que nos recher-
ches, et celles de quelques autres personnes beaucoup plus habiles que nous, ont toujours été
infructueuses, mais aussi surtout parce que l'ou-
vrage de M. Charles Nodier ne contient aucune
indication de source, et que lui-même, lorsqu'on
l'interroge pour éclaircir ce fait, s'abstient de
toute réponse. A cet habile écrivain donc, ou
l'honneur de cette précieuse découverte si elle

---

nimine sigilli cartam hanc corroboravi anno ab Incarnatione
Domini M. C. XXXVII, rege Francorum Ludovico, Romanæ eccle-
siæ Papa Innocentio II † et hoc etiam signum crucis propria
manu subscripsi.

existe réellement, ou la responsabilité d'avoir ra-
conté , pour embellir son récit, des faits qui
n'auraient pas eu lieu.

La donation faite par Raymond portait pour
condition, que l'abbaye de la Chaise-Dieu restau-
rerait à ses frais l'édifice en ruine de Chanteuges,
et y rétablirait le service divin.

Le Pape Lucius II, en 1143, sur la demande
d'Etienne de Mercœur, abbé de la Chaise-Dieu ,
confirma par une bulle tout ce qui avait été fait
précédemment. Au mois de septembre de l'année
1317, le pape Jean XXII joignit par une bulle les
revenus du prieuré de Chanteuges à la mense de
la Chaise-Dieu, afin de maintenir sur un pied
honorable l'hospitalité qu'on exerçait depuis long-
temps dans cette dernière abbaye. Ces deux bulles
furent encore confirmées à Avignon par le pape
Clément VI, au mois d'octobre 1342.

André de Chanac, trente-unième abbé de la
Chaise-Dieu, qui était né au Puy et avait été l'exécu-
teur testamentaire du cardinal Guillaume de Chanac, son oncle, s'était retiré au monastère de Chanteuges pour se délasser de toutes les fatigues de sa
vie passée et terminer paisiblement sa carrière. Mais
son séjour dans ce prieuré ne fut pas de longue
durée, car il y mourut la même année, le dimanche 12 mai de l'an 1420. Son corps fut transporté
à l'abbaye de la Chaise-Dieu , accompagné par un
grand nombre de religieux et de prêtres, et il fut

enterré à l'entrée du chœur de la vaste basilique de ce monastère, à côté du sépulcre du comte de Beaufort.

Hugo III, de Chauvigny de Blot, en l'an 1465, accablé sous le poids des ans et des infirmités, avait, du consentement des moines de la Chaise-Dieu, résigné ses fonctions dans les mains de son neveu Raymond de Chauvigny de Blot. Il se retira à Chanteuges où il vécut dans cette charmante retraite d'une modique pension qu'il s'était réservée. C'est là, le 2 août de l'année 1478, qu'il termina sa longue et glorieuse carrière. Son corps, comme celui d'André de Chanac, fut porté en grande pompe à la Chaise-Dieu, pour y recevoir la sépulture.

Dans les premières années du 16e siècle, Jacques de Saint-Nectaire qui mourut en l'année 1518, et fut le dernier abbé régulier de la Chaise-Dieu, fit faire de grandes réparations au prieuré de Chanteuges. Indépendamment de ce que rapporte la *Gallia christiana*, on lit en effet dans un manuscrit de la bibliothèque royale (1) que ce prélat, qui avait déjà restauré plusieurs parties de l'abbaye de la Chaise-Dieu, « fist bastir le » cloistre, l'église et la chapelle des abbés du

____

(1) Histoire générale de la congrégation de S. Robert de la Chaise-Dieu, par le révérend père Victor Tiolier. M. S C., n° 930 (Saint-Germain).

» monastère de Chanteuges. » Nous examinerons bientôt quelles furent ces réparations en parlant des différentes parties de ce monastère; disons toutefois maintenant, afin de ne point laisser croire à une erreur, que l'église n'a point été reconstruite en entier, et que la voûte de la grande nef et quelques autres parties sans importance ont seules été refaites à cette époque.

§. III. ANTIQUITÉS.

L'église du monastère de Chanteuges est placée à l'extrémité sud de la plate-forme. Elle est, comme le reste du monastère, environnée par un mur d'enceinte aujourd'hui fort dégradé. C'est une basilique assez allongée, qui se compose de trois nefs terminées à l'orient par trois absides demi-circulaires. La nef centrale est beaucoup plus large et beaucoup plus élevée que les deux autres. Le même toit couvre aujourd'hui toute l'église; mais l'espace qui reste vide au-dessus des collatéraux et les fenêtres simulées ou fermées, qui s'observent encore contre la partie supérieure du mur de la grande nef, prouvent qu'évidemment il n'en a pas toujours été ainsi. Si l'on en croit en effet la tradition, ces modifications, faites probablement à l'époque de la reconstruction de la voûte centrale, auraient eu pour but d'établir des greniers au-dessus des collatéraux.

La porte principale d'entrée ouvre sur la façade

occidentale de l'église. Elle était autrefois précédée d'un porche assez élevé, qui est aujourd'hui détruit et dont il reste à peine quelques faibles indications.

La partie supérieure de la maîtresse voûte a été, comme nous l'avons dit, restaurée au commencement du 16ᵉ siècle et l'arc en tiers point est venu remplacer le plein-cintre. Cette réparation est due, ainsi que nous l'avons déjà fait remarquer, à Jacques de Saint-Nectaire. C'est probablement aussi à cette même époque que le sommet de la façade et la grande fenêtre qui surmonte la porte d'entrée ont été changés.

Quant aux collatéraux, ils n'ont pas été modifiés dans leur disposition matérielle. Leur solidité les a soustraits à des restaurations inintelligentes; mais, ce qu'on n'a pu faire avec la truelle et le marteau, on a voulu que le pinceau le figurât. Une couleur grise a été appliquée dans tout l'intérieur de l'église. Les nefs collatérales n'ont pas été épargnées plus que le reste de cet édifice, et, pour les mettre en harmonie avec l'architecture de la voûte principale, on a figuré sur leur surface les arêtes et les nervures des voûtes ogivales.

Cet acte de vandalisme et d'ignorance qui a fait disparaître de précieux restes de peinture byzantine, nous remet en mémoire une petite anecdote qui donne une idée malheureusement trop exacte du peu d'intelligence que montre bien souvent certains membres du clergé dans les questions artistiques. Un de mes amis, grand amateur des antiquités religieuses du moyen-âge, qui bien souvent avait gémi des réparations ridicules auxquelles ont été et sont encore exposées nos vieilles basiliques , blâmait vivement les prêtres qui ont la funeste manie de faire blanchir l'intérieur de leur église. Un curé auvergnat, mêlé à la conversation, approuvait avec chaleur les paroles d'indignation qu'on venait de prononcer ; tout-à-coup, avec une naïveté et une assurance qu'il est impossible de reproduire : « Oh ! Monsieur, s'écria-t-il, vous avez bien raison : c'est abominable de blanchir les églises ; parlez-moi d'une jolie petite couleur nankin. » Cette *jolie petite couleur nankin*, dont on a souillé Notre-Dame du Puy et Saint-Michel, était celle dont il venait de faire barbouiller son église. Que répondre à de telles paroles ? Hélas ! rien... On ne pouvait que gémir de l'état critique dans lequel se trouvent placés nos monumens. Il ne fallait pas en effet en vouloir à ce prêtre de manifester ainsi ses idées ; car il ne faisait que traduire et mettre en évidence une pensée qu'une instruction mieux dirigée modifiera sans doute bientôt. Les belles peintures or et azur, qui décoraient autrefois nos riches églises romanes de l'Auvergne et du Velay, n'est-ce pas ainsi qu'elles ont disparu ?

L'église du monastère de Chanteuges présentait donc dans le principe un porche dans lequel on pénétrait par une ouverture latérale. La porte d'entrée principale, dégagée en ce moment de ce porche, ouvre dans un pignon surmonté d'un énorme clocher. Ce clocher, qui a sans doute été construit par l'abbé de Saint-Nectaire, a dû être jadis surmonté d'une flèche élancée et gracieuse, dont il ne reste plus aucune trace. Bien qu'il n'offre en lui-même rien de remarquable, nous engageons cependant les personnes qui viendront faire un pélerinage artistique aux ruines de cette vieille abbaye, à monter sur cette tour. Outre la belle vue dont ils pourront jouir, ils trouveront encore plusieurs statues dignes de leur attention. Ces statues, au nombre de huit, sont d'un style lourd et trapu. Elles portent le costume du 16e siècle et représentent les apôtres. C'est l'art dans toute sa naïveté, tout à la fois si simple et si expressive. Le statuaire a taillé dans la lave de nos volcans ces mêmes costumes qui sont représentés sur les tapisseries de la Chaise-Dieu avec tout l'éclat des couleurs les plus riches et les plus brillantes. On pense bien qu'elles n'ont pas été faites pour occuper la place où on les voit ; et en effet, on remarque dans la petite chapelle des abbés, dont nous parlerons bientôt, les douze consoles qui très-certainement les ont supportées. Une disposition à peu près semblable existe dans la chapelle que les ducs de Bourbon avaient dans l'ancienne abbaye de Cluny.

A l'intérieur, l'église présente une nef à voûte
ogivale, deux collatéraux voûtés en demi-berceau
et un eextrémité orientale terminée par trois absides
en cul-de-four. L'abside du milieu est beaucoup
plus vaste que celles des nefs collatérales.

La nef principale a quatre travées. Chaque
pilier se compose d'une masse prismatique flan-
quée, sur ses quatre faces, d'une colonne demi-
cylindrique. L'arcade est un plein-cintre décoré
d'un arc doubleau.

Nous ferons remarquer la simplicité du plan de
cette église. Elle n'a pas de transepts et les bas-
côtés ne tournent pas autour du chœur, mais
aboutissent, comme nous l'avons déjà indiqué, à
une chapelle en cul-de-four. C'est là une disposition fort heureuse pour une basilique chrétienne,
et nous proposons ce plan comme un type à
suivre pour toutes les reconstructions d'églises qui
se font dans notre temps. On éviterait par là
ces constructions massives et disgracieuses qui cho-
quent le regard et ressemblent à tout, si ce n'est
à un édifice religieux. L'exécution d'un tel monument serait tout à la fois facile et peu dispendieuse.

L'ornementation générale de l'église est assez
soignée. Tous les chapiteaux méritent de fixer
l'attention ; certains même sont dignes d'être
examinés avec soin. Ils sont rehaussés de sculptures d'une bonne exécution. Ce sont des feuillages,
des entrelacs, des animaux fantastiques , des su-

jets religieux, comme on en voit dans la plupart des églises romano-byzantines.

En dehors de son architecture, l'église de Saint-Marcellin de Chanteuges (1) n'offre rien de bien remarquable. Nous signalerons cependant des stales en bois d'une belle exécution. Elles sont ciselées avec soin et datent de la restauration de l'abbé de Saint-Nectaire. La partie mobile du siége présente des masques grotesques d'hommes et d'animaux. On y voit, ici une tête de bœuf, là une tête d'éléphant, ailleurs un moine qui s'arrache la barbe. Çà et là, sur les boiseries, on aperçoit les coquilles de S. Jacques, qui indiquent, à n'en pas douter, que ces stales sont dues à Jacques de Saint-Nectaire.

Il ne faut pas sortir sans avoir vu quelques autres statues en pierre fort mutilées, qui sont dispersées dans l'église. Deux de ces statues, taillées dans la brèche volcanique des environs,

----

(1) « La raison pourquoy i'ai écrit icy sa vie (de S. Marcellin), c'est que l'église clostrale de Chanteuges lui est dédiée de temps immémorial, au rapport du Martyrologe de Pébrac. Sa teste est sur le maistre autel, avec quelques autres siens ossemens et son manipule. Dans la sacristie de la mesme église est la teste et les omoplattes ou les grands os des épaules de S. Panace, évesque et confesseur, dont la feste est célébrée dans la mesme église, le vingt-quatrième de juillet, et au-dessous de l'autel sont les corps de saint Antolion et Cassion, martyrisés en Auvergne. »
(BRANCHE, *Vie de Saints d'Auvergne*, 1 vol. in-12).

représentent des apôtres en costume du 16e siècle et font partie de la collection de la chapelle des abbés.

L'extérieur de l'église est fort simple. Un pilastre épais, qui sert de contrefort, correspond à chaque travée. Entre chacun de ces pilastres, sous la corniche, on voit trois fenêtres en plein-cintre, dont deux sont simulées. Le mur de la nef centrale présente la même disposition, seulement on ne peut plus en juger du dehors. Pour nous en assurer, nous avons été obligé de monter dans les greniers qui règnent au-dessus des bas-côtés.

Nous devons consigner, comme un fait remarquable, l'absence de mosaïque dans la décoration de l'église de Chanteuges. On sait en effet qu'il est peu d'églises anciennes de l'Auvergne ou du Velay qui ne présentent, soit des marqueteries, soit un appareil de pierres de diverses couleurs. Nous ne croyons pas toutefois qu'on puisse tirer aucune induction de cette observation, car sur le goût d'une époque il n'y a rien d'absolu et aux règles les plus générales il y a toujours des exceptions.

A l'extrémité orientale de l'église, il existe encore une charmante petite chapelle et les débris d'un cloître placé entre cette chapelle et l'église dont nous venons de parler. Cette chapelle, qui appartient au style ogivale fleuri, a été construite, ainsi que nous l'apprend l'Histoire manuscrite de la Chaise-Dieu, par l'abbé Jacques de St-Nectaire.

Toutes les décorations intérieures ont été détruites à l'époque de la révolution, et il ne reste plus maintenant à examiner que deux portes latérales, sculptées avec beaucoup de soin et d'habileté. Le style de ces portes indique la dégénérescence de l'art ogival. A l'extérieur, la partie supérieure de la porte nord offre un arc en anse de panier (l'arc tudor des Anglais), décoré d'un rinceau de feuilles de vigne et de grappes de raisin, fouillé avec beaucoup d'art et de patience. A l'intérieur, le point d'intersection de cet arc, dont la moulure se termine en pendentif, est surmonté d'une touffe épanouie de feuilles de choux frisés. De chaque côté de la porte s'élève un pilastre prismatique qui est divisé, dans sa hauteur, par des sculptures qui représentent deux petites figures d'anges, soutenant l'écusson aux armes de Saint-Nectaire. Enfin, l'arc de la porte est compris sous un autre arc plus élancé et plus gracieux, qui porte à son faîte S. Michel terrassant le dragon symbolique. La porte du nord est construite sur le même plan que celle dont nous venons de donner la description; seulement sa disposition est la même et à l'intérieur et à l'extérieur. Les sculptures sont aussi différentes : ainsi à la place des anges sont des figures dans l'attitude.de la prière, et à l'amortissement du grand arc, l'Assomption de la Vierge. Cette porte, qui communique dans le cloître, est décorée sur sa face extérieure dans le même goût.

On voit aussi, dans l'intérieur de la chapelle, un Christ en bas-relief, d'un style semblable aux sculptures de ces portes. L'artiste l'a représenté au moment où il expire sur la croix et a figuré des anges qui soutiennent ses pieds et ses mains meurtris. Au-dessous est placée la tête de mort, symbole de notre fragile et courte existence.

Cette chapelle, dédiée à sainte Anne, est voûtée en ogive. Le point d'intersection des arcs de la voûte montre encore, sur la clef, les cinq fuseaux aux armes de Saint-Nectaire. Comme tant d'autres monumens, cette chapelle a été dévastée par la tourmente révolutionnaire. Ses vitraux ont été brisés et son ameublement enlevé. On voit encore cependant, entre les trois fenêtres qui éclairaient cette chapelle, deux niches assez habilement sculptées. Les douze consoles , sur lesquelles étaient placées les statues qui sont aujourd'hui au clocher ou dispersées dans l'église de Saint-Marcellin, existent encore; mais elles sont dépourvues de toute sculpture.

A l'époque de la révolution, cette chapelle fut vendue comme bien national, et devint propriété particulière. Son sanctuaire ne fut point respecté par l'acheteur, qui, voulant profiter d'une acquisition faite à vil prix, ne craignit pas de convertir la gracieuse chapelle des abbés de Chanteuges en un magasin à foin. Peut-être ce petit édifice, le seul de ce genre qui existe dans le département

de lá Haute-Loire, était-il réservé à une destruc-
tion prochaine, quand notre conseil général, dont
la sollicitude sait comprendre tous les intérêts du
pays, a eu l'heureuse idée d'en faire l'acquisition.
Espérons qu'il complétera cette bonne œuvre, en
affectant à la restauration de la chapelle des abbés
de Chanteuges la modique somme nécessaire pour
sa conservation ! Pour notre part, nous ne sau-
rions trop louer le zèle éclairé dont il a fait
preuve dans cette circonstance; quand on voit
les fonds d'un département aussi noblement em-
ployés, on applaudit toujours aux vues élevées des
hommes à qui sont confiés nos intérêts les plus
chers.

Nous n'avons plus qu'une observation à faire
sur les antiques constructions de Saint-Marcellin.
Dans la première cour, de la porte d'entrée à la
chapelle Sainte-Anne, régnait une longue aile de
bâtiment, dont il ne reste plus que quelques pans
de murs en ruine. La façade du côté du levant
est cependant assez bien conservée. On y remarque
cinq ouvertures à cintre très-surbaissé et parfaitement semblables à celles qui existent dans les
constructions les plus modernes de l'abbaye de la
Chaise-Dieu. Ces grandes fenêtres paraissent avoir
donné autrefois sur une terrasse qui joignait ce
bâtiment, mais qui est maintenant détruite.

Disons aussi un mot de l'église de Saint-Saturnin
qui s'élevait jadis au milieu de la partie du village

de Chanteuges, qui est construite sur l'extrémité nord de la plate-forme. Elle fut, ainsi que nous l'avons déjà fait remarquer, donnée par Bertrand à l'abbaye de Chanteuges et servait d'église paroissiale. Pendant la révolution elle a subi le sort malheureux de tant d'autres monumens religieux. Elle était bâtie dans le style romano-byzantin, autant qu'il est permis d'en juger par l'examen des faibles restes qui sont encore debout. Un pauvre malheureux a établi sa demeure dans cette ancienne église. Profitant des constructions qui restaient, il a voulu au moins loger sa misère dans un coin de ce temple d'où l'on avait expulsé la divinité.

§. IV. TRADITIONS.

Les traditions de Chanteuges ont été plus respectées que ses monumens, et un usage, fort bizarre et très-éloigné de nos mœurs actuelles, n'a point eu à souffrir de l'esprit d'innovation des dernières années du 18e siècle. Maintenant encore, le jour de la fête patronnale de Chanteuges, le dimanche de la Pentecôte, les jeunes gens de cette paroisse se livrent à des divertissemens dignes du plus beau temps du moyen-âge. Très-certainement on n'a rien oublié du cérémonial de cette curieuse institution, et la tradition nous a tout transmis avec une scrupuleuse fidélité.

Ceux qui aiment à vivre dans le passé, à

interroger les sources de notre histoire et à con_
naître les mœurs de nos ancêtres, peuvent aller à
la fête de Chanteuges. Nous leur assurons d'avance
qu'ils seront satisfaits de la curieuse réjouissance
qui s'offrira à leur regard. Voici, pour ceux qui
ne pourront accomplir ce curieux pélerinage,
une description qui ne donnera, il est vrai,
qu'une faible idée de la réalité, mais que nous
nous efforcerons de rendre aussi fidèle que possible.

A quelques pas du petit village de Chanteuges,
dans la fraîche et riante vallée que baigne la
Dège, est une prairie féconde dont les bords sont
plantés d'aunes et de peupliers. On la nomme :
Pré du fou, parce qu'elle est grevée d'une servitude qui ne permet de la faucher qu'après que la
jeunesse de la commune s'y est joyeusement
ébattue en foulant l'herbe aux pieds le jour de la
Pentecôte. Outre l'inconvénient de voir ainsi sa
récolte endommagée, le propriétaire actuel est
encore tenu d'acquitter chaque année une rente
de quinze francs. Cette somme, qui est donnée
aux rois de la fête, sert à payer les réjouissances
et les libations copieuses de la journée. Ce double
droit, de fouler l'herbe de ce pré et de percevoir
la rente, était autrefois supporté par les moines de
Chanteuges. A l'époque de la révolution, ce bien
fut vendu nationalement; mais la conservation de
la servitude qui pesait sur lui fut formellement
stipulée dans la vente.

Le jour de la fête de la Pentecôte, un pauvre mendiant auquel on a promis, pour le rôle difficile qu'il est obligé de jouer , quelques pièces de monnaie, va se blottir dans ce pré, évitant fort soigneusement d'être aperçu. La troupe de jeunes gens , conduite par les rois de la fête, se dispose bientôt à aller à sa recherche. Mais , avant de raconter la scène intéressante qui se passe dans cette rencontre, disons un mot du costume et de l'équipement si drôle des héros de cette fête.

Ils se couvrent la tête , comme les jeunes gens de la plupart des communes qui avoisinent Langeac , d'un énorme chapeau à la française sur lequel ils ont colé des plumes de coq, probablement en l'honneur de S. Gal, glorieux patron des habitans de Langeac. A ces plumes de différentes couleurs sont aussi mêlés de rubans, dont les teintes variées brillent du plus vif éclat. Un plumet surmonte cet énorme chapeau, dont la longueur d'une aile à l'autre excède quelquefois un mètre. De larges rubans, d'un prix souvent fort élevé, se croisent sur la poitrine de ces jeunes gens comme des buffleteries de fantassin. Ils sont armés la plupart de sabres, de fusils et de pistolets.

Pendant que le fou se cache dans l'herbe, les rois font ranger les jeunes gens qui sont venus se joindre à eux sur deux files, et tous ensemble, précédés d'un drapeau, ils s'avancent au son du fifre et du tambour jusque dans le pré. Ils font alors, en bon ordre et suivis de la foule des enfans et des curieux, deux ou trois tours de cette prairie. De temps à autre, cependant, quelques-uns d'entre eux se détachent de la colonne pour chercher le malheureux mendiant qui fait le fou. Dès qu'ils l'ont rencontré, ils le renversent sur le dos, le prennent par un pied et le font tourner sur lui-même deux ou trois fois. Puis tout-à-coup ils saisissent un pistolet, le déchargent en l'air, et, brandissant leur sabre innocent et rouillé, ils vont rejoindre leurs camarades. Lorsque chacun d'eux s'est livré à cet exercice belliqueux, on quitte le pré du fou pour se rendre à l'église. Le pauvre mendiant, qui vient d'être bouleversé dans tous les sens, se relève alors pour accompagner cette joyeuse troupe, afin de lui fournir encore une fois le plaisir de se divertir à ses dépens. Le fifre et le tambour font entendre leurs marches bruyantes et dirigent la foule jusque dans la cour du monastère. Là, dès qu'on est arrivé, le fou est de nouveau renversé sur le dos, et les rois empanachés le saisissant par la jambe, lui font faire encore deux ou trois tours, après quoi ils lui donnent quelque argent en échange de sa complaisance et de sa docilité. Ils forcent aussi les boulangers qui sont venus vendre du pain à la fête à lui donner un petit gâteau d'un sou. Les rois abandonnent alors ce pauvre instrument de leur plaisir, ils entrent dans l'église , et vont acquitter en cire la royauté qu'ils ont acquise aux enchères.

Nous ne poursuivrons pas les détails de la fête de Chanteuges, car ils sortent du cadre que nous nous sommes tracé; de plus, ils sont presqu'en tous points semblables à ceux qui se passent dans la plupart des fêtes balladoires de nos montagnes. On partage son temps entre Dieu, la danse et le vin ; quelquefois on oublie Dieu , rarement la danse, mais toujours on est fidèle au vieux culte de la bouteille.

(Extrait des Annales de la Société d'Agriculture, Sciences, Arts et Commerce du Puy.)

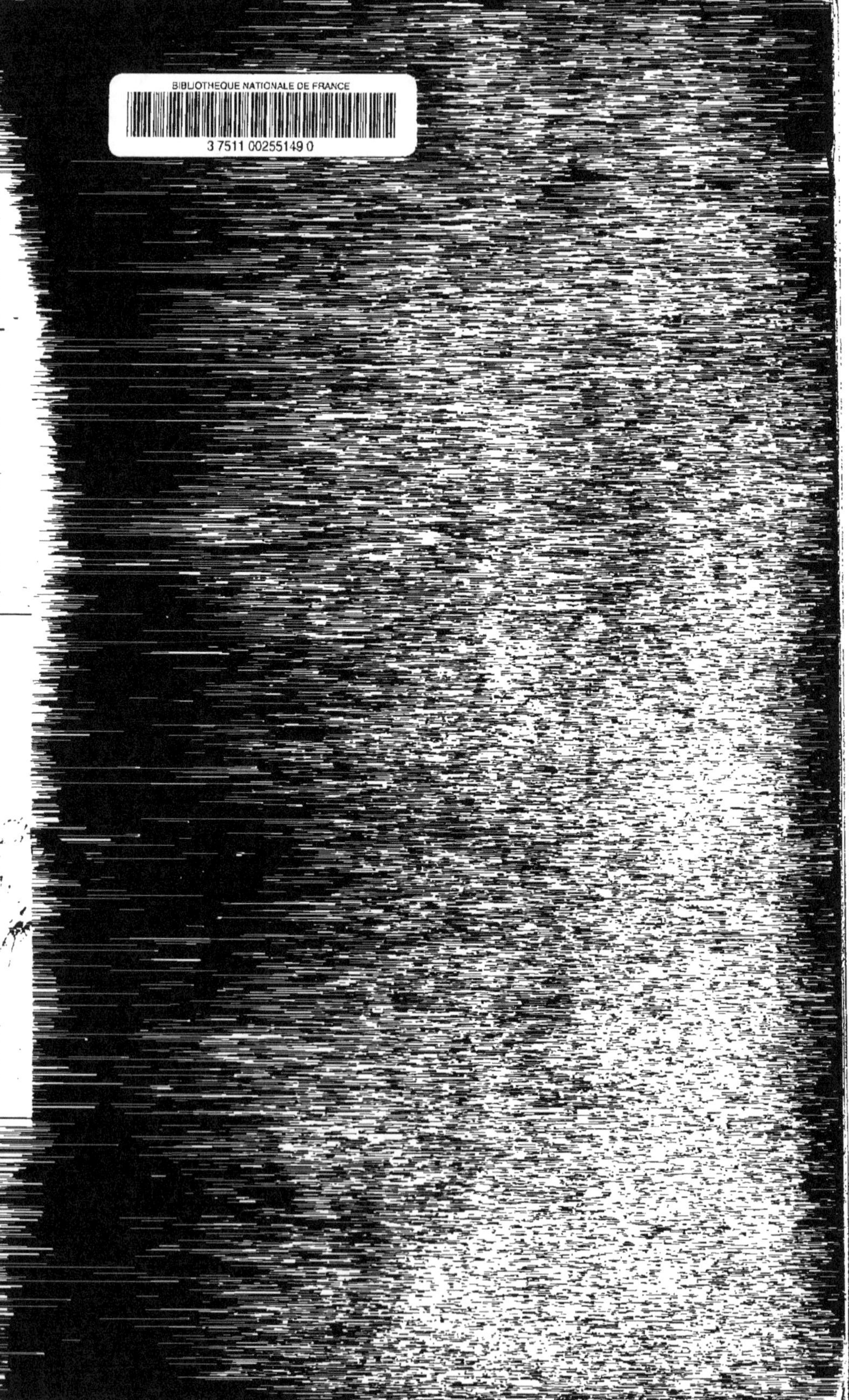